Dedicado amorosamente aos meus netos preciosos

Título original: *I Believe in Jesus*
Copyright © 2016 por John MacArthur
Copyright das ilustrações © Thomas Nelson
Copyright da tradução © Vida Melhor Editora LTDA., 2019.

Todos os direitos desta publicação são reservados à Vida Melhor Editora LTDA.

GERENTE EDITORIAL	*Samuel Coto*
EDITORES	*André Lodos Tangerino e Bruna Gomes*
PRODUÇÃO EDITORIAL	*Isabella Schempp*
REVISÃO	*Simone Fraga*
ADAPTAÇÃO DE PROJETO GRÁFICO	*William Rabello*

As citações bíblicas são da Nova Tradução na Linguagem de Hoje, a menos que seja especificada outra versão da Bíblia Sagrada.

Os pontos de vista desta obra são de responsabilidade do autor, não refletindo necessariamente a posição da Thomas Nelson Brasil, da HarperCollins Christian Publishing ou de sua equipe editorial.

Dados Internacionais de Catalogação na Publicação (CIP)
Angélica Ilacqua CRB-8/7057

M113e
MacArthur, John
Eu creio em Jesus : conduzindo seu filho a Cristo / John MacArthur ; tradução de Vera Ellert Ochsenhofer ; ilustrações de Dominique Mertens. -- Rio de Janeiro : Thomas Nelson, 2019.
32 p. : il., color.

Título original: I believe in Jesus
ISBN: 978-85-7167-044-0

1. Histórias bíblicas 2. Literatura infantojuvenil I. Título II. Ochsenhofer, Vera Ellert III. Mertens Dominique

19-0852   CDD 028.5
CDU 028.5

Thomas Nelson Brasil é uma marca licenciada à Vida Melhor Editora LTDA.
Todos os direitos reservados à Vida Melhor Editora LTDA.
Rua da Quitanda, 86, sala 218 - Centro
Rio de Janeiro - RJ - CEP 20091-005
Tel.: (21) 3175-1030
www.thomasnelson.com.br

EU CREIO EM JESUS
CONDUZINDO SEU FILHO A CRISTO

John MacArthur
ILUSTRADO POR Dominique Mertens

TRADUÇÃO: VERA ELLERT OCHSENHOFER

THOMAS NELSON
BRASIL

Rio de Janeiro, 20222

A Bíblia diz que no começo só havia Deus. Ele sempre existiu. Deus não tem começo nem fim. Não havia sol, nem estrelas, nem planetas, nem terra – e nem gente. Havia somente Deus. Mas ele não estava sozinho, porque na verdade Deus é três pessoas – Deus, o Pai; Jesus, o Filho; e o Espírito Santo. Todos os três juntos são Deus.

Eu sou o Alfa e o Ômega, diz o Senhor Deus, o Todo-Poderoso, que é, que era e que há de vir.
— Apocalipse 1:8

Leia também Mateus 28:19; João 1:1.

Tudo em Deus é belo, bom, sábio e perfeito. Deus fez o universo, e a Terra faz parte dele. Ele fez o sol, a lua e as estrelas. Ele fez as plantas e os animais, os pássaros e os peixes. Por fim, ele fez as pessoas.

No começo Deus criou os céus e a terra.
— Gênesis 1:1

Portanto, sejam perfeitos em amor, assim como é perfeito o Pai de vocês, que está no céu.
— Mateus 5:48

Leia também Gênesis 1:1–2:25.

O primeiro homem e a primeira mulher que Deus criou foram Adão e Eva. Deus deu o lindo jardim do Éden para eles morarem. Mas algo muito triste aconteceu. Adão e Eva desobedeceram a Deus. Eles se deixaram convencer por Satanás a fazer algo que Deus havia proibido.
Seus pecados – todas as coisas ruins que fizeram – os separaram de Deus. E todas as pessoas que nasceram depois de Adão e Eva também desobedecem a Deus.

Não há uma só pessoa que faça o que é certo... Todos pecaram e estão afastados da presença gloriosa de Deus.
— Romanos 3:10,23

O salário do pecado é a morte.
— Romanos 6:23

Leia também Gênesis 3:1-24.

Você já percebeu como é difícil ser sempre bom, gentil, bondoso e generoso? Como é difícil obedecer? Como é difícil amar a Deus de todo coração o tempo todo? Bem, assim como outras pessoas, às vezes você também faz coisas erradas. Deus poderia nos castigar, conforme merecemos. Mas, pelo fato de Deus nos amar tanto, ele quer encher o céu com pessoas que viverão com ele para sempre. Na verdade, nós não poderíamos entrar no céu por causa dos nossos pecados, mas, em vez disso, Deus convida a todos – e você também! – a se aproximar dele e pedir perdão por nossos pecados. Ele promete dar o seu perdão a todos que o pedem.

Porque Deus amou o mundo tanto, que deu o seu único Filho, para que todo o que nele crer não morra, mas tenha a vida eterna.
— João 3:16

Leia também Romanos 6:23; Efésios 1:7; 1João 1:9.

Como Deus pode simplesmente nos perdoar? Se ele nos perdoa, isso significa que as coisas más que fazemos na verdade não são tão más assim? Mesmo que Deus nos perdoe e não nos castigue, ele continua punindo cada um de nossos pecados. Isso pode ser difícil de entender, mas podemos confiar em Deus. Ele sempre sabe exatamente o que fazer. Deus tem um plano.

Ó Senhor, tu és bom e perdoador e tens muito amor por todos os que oram a ti. Escuta, ó Senhor, a minha oração e ouve os meus gritos pedindo socorro!
— Salmos 86:5-6

Leia também Salmos 103:8-18.

Jesus é uma das três pessoas da Trindade. Ele concordou em descer do céu para se tornar um ser humano de verdade, como nós somos, e morrer por nossos pecados. Jesus veio ao mundo como um bebê, como filho de Maria e José, em uma cidade chamada Belém. Ele nasceu para morrer por nós, porque ele nos ama muito!

Porém ele estava sofrendo por causa dos nossos pecados, estava sendo castigado por causa das nossas maldades. Nós somos curados pelo castigo que ele sofreu, somos sarados pelos ferimentos que ele recebeu... o Senhor fez com que ele sofresse o castigo que nós merecíamos.
— Isaías 53:5-6

Leia também Mateus 1:18–2:1; João 19:16-37.

Jesus cresceu numa cidade chamada Nazaré. Ele falava às pessoas sobre Deus e sobre a vontade de Deus. Em todos os lugares aonde ia, Jesus fazia milagres. Ele nunca pensou, disse ou fez qualquer coisa errada. Ele nunca desagradou a Deus. E ele nunca pecou! Nem uma única vez. Ele fez tudo certo durante toda a sua vida e Deus ficou muito contente com ele.

E do céu veio uma voz, que disse:
— Este é meu Filho querido, que me dá muita alegria!
— Mateus 3:17

Leia também Mateus 11:2-5; Lucas 4:14-21; Hebreus 7:26.

Mas Deus nos mostrou o quanto nos ama: Cristo morreu por nós quando ainda vivíamos em pecado. E, agora que fomos aceitos por Deus por meio da morte de Cristo na cruz, é mais certo ainda que ficaremos livres, por meio dele, do castigo de Deus. Nós éramos inimigos de Deus, mas ele nos tornou seus amigos por meio da morte do seu Filho. E, agora que somos amigos de Deus, é mais certo ainda que seremos salvos pela vida de Cristo.

— Romanos 5:8-10

Leia também Filipenses 3:8-9; Colossenses 3:10.

Jesus é perfeito. Mas, mesmo que ele nunca tenha tido um mau pensamento ou dito alguma palavra má, ele foi castigado como se tivesse cometido os piores erros que alguém pode cometer. E, por ter recebido o tratamento que os pecadores merecem, agora Deus pode perdoar os pecadores como se eles tivessem vivido a vida perfeita de Jesus.

Para concluir o seu plano, Deus ressuscitou Jesus entre os mortos depois de três dias. Pouco tempo depois disso, Jesus voltou ao céu.

A melhor coisa de ser perdoado é que um dia nós também poderemos ir ao lugar maravilhoso e sensacional chamado céu. É um lugar em que todos são bons, felizes, amados e têm paz para sempre.

Talvez você esteja pensando: *Como Deus pode me perdoar assim? Será que preciso fazer alguma coisa? Será que demorará muito para Deus me perdoar? Preciso ser mais velho?*

Cristo morreu pelos nossos pecados, como está escrito nas Escrituras Sagradas; ele foi sepultado e, no terceiro dia, foi ressuscitado, como está na Bíblia.
— 1Coríntios 15:3-4

Leia também Mateus 28:1-10; Atos 1:9-11; Colossenses 1:3-6; 1Pedro 1:4.

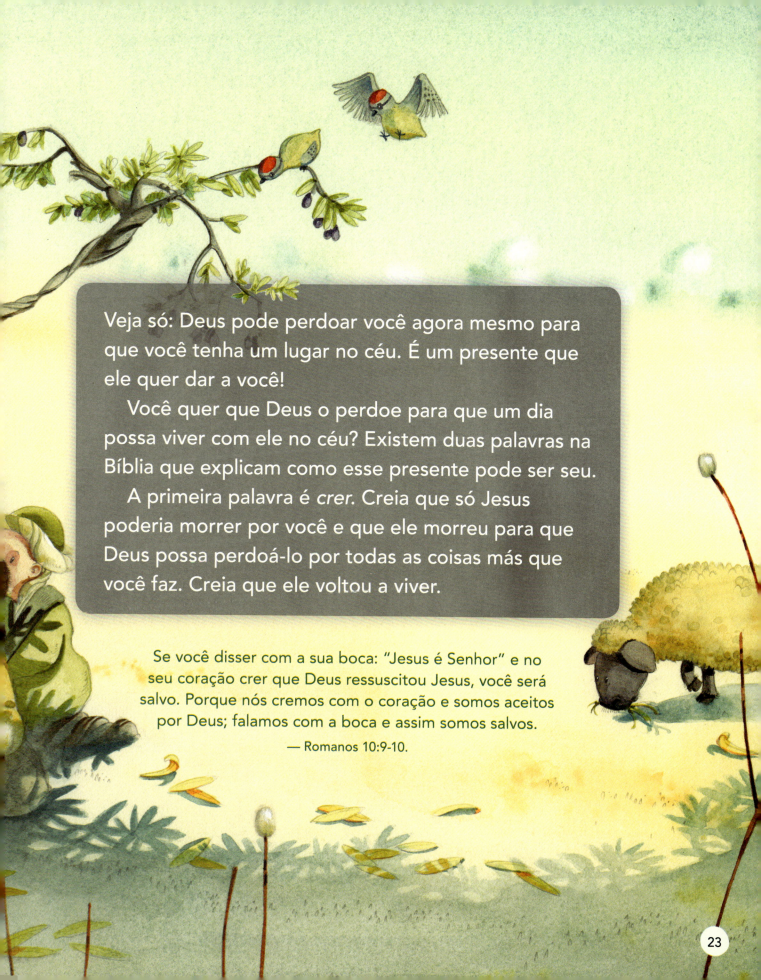

Veja só: Deus pode perdoar você agora mesmo para que você tenha um lugar no céu. É um presente que ele quer dar a você!

Você quer que Deus o perdoe para que um dia possa viver com ele no céu? Existem duas palavras na Bíblia que explicam como esse presente pode ser seu.

A primeira palavra é *crer*. Creia que só Jesus poderia morrer por você e que ele morreu para que Deus possa perdoá-lo por todas as coisas más que você faz. Creia que ele voltou a viver.

Se você disser com a sua boca: "Jesus é Senhor" e no seu coração crer que Deus ressuscitou Jesus, você será salvo. Porque nós cremos com o coração e somos aceitos por Deus; falamos com a boca e assim somos salvos.
— Romanos 10:9-10.

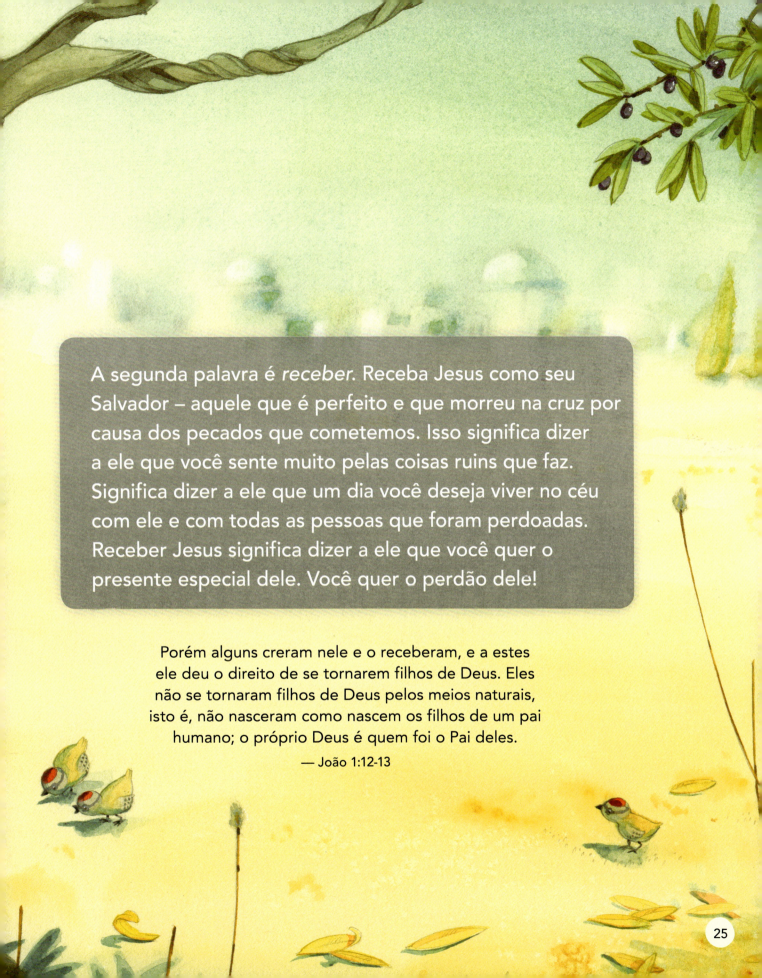

A segunda palavra é *receber*. Receba Jesus como seu Salvador – aquele que é perfeito e que morreu na cruz por causa dos pecados que cometemos. Isso significa dizer a ele que você sente muito pelas coisas ruins que faz. Significa dizer a ele que um dia você deseja viver no céu com ele e com todas as pessoas que foram perdoadas. Receber Jesus significa dizer a ele que você quer o presente especial dele. Você quer o perdão dele!

Porém alguns creram nele e o receberam, e a estes ele deu o direito de se tornarem filhos de Deus. Eles não se tornaram filhos de Deus pelos meios naturais, isto é, não nasceram como nascem os filhos de um pai humano; o próprio Deus é quem foi o Pai deles.
— João 1:12-13

Se estiver pronto, curve sua cabeça. Diga a Jesus que você crê nele e no que ele fez. Diga a ele que você quer recebê-lo como seu próprio Salvador. Peça que Jesus o perdoe pelas vezes em que você desobedece. Pelas vezes em que você é desagradável e egoísta. Por tudo aquilo que você faz e entristece Jesus. E agradeça, porque ele te ama demais!

Se dizemos que não temos pecados, estamos nos enganando, e não há verdade em nós. Mas, se confessarmos os nossos pecados a Deus, ele cumprirá a sua promessa e fará o que é correto: ele perdoará os nossos pecados e nos limpará de toda maldade.
— 1João 1:8-9

Creia no Senhor Jesus e você será salvo.
— Atos 16:31

Você pode confiar em Deus. Ele o ama. Ele o perdoa. E ele quer que você viva para sempre no seu céu maravilhoso. Continue confiando nele durante toda sua vida.

Você demonstra que aceitou o perdão de Deus ao ser batizado, ler sua Bíblia, orar e obedecer à Palavra dele.

Jesus será seu amigo para sempre. Um dia ele o levará ao céu para viver com nosso Deus maravilhoso.

Todos aqueles que o Pai me dá virão a mim; e de modo nenhum jogarei fora aqueles que vierem a mim. Todos os que veem o Filho e creem nele têm a vida eterna.
— João 6:37,40

Leia também João 14:1-6.

O Espírito Santo é uma das pessoas que é Deus. Ele viverá em você e o ajudará a amar a Deus. Ele também o ajudará a obedecer e louvar a Deus.

Será que vocês não sabem que o corpo de vocês é o templo do Espírito Santo, que vive em vocês e lhes foi dado por Deus? Vocês não pertencem a vocês mesmos, mas a Deus, pois ele os comprou e pagou o preço. Portanto, usem o seu corpo para a glória dele.
— 1Coríntios 6:19-20

Leia também Efésios 1:13-14.

Conte a todos os seus amigos a história maravilhosa de quanto Deus nos ama. Bem-vindo à família especial de Deus, a igreja!

E cada dia o Senhor juntava ao grupo as pessoas que iam sendo salvas.
— Atos 2:47